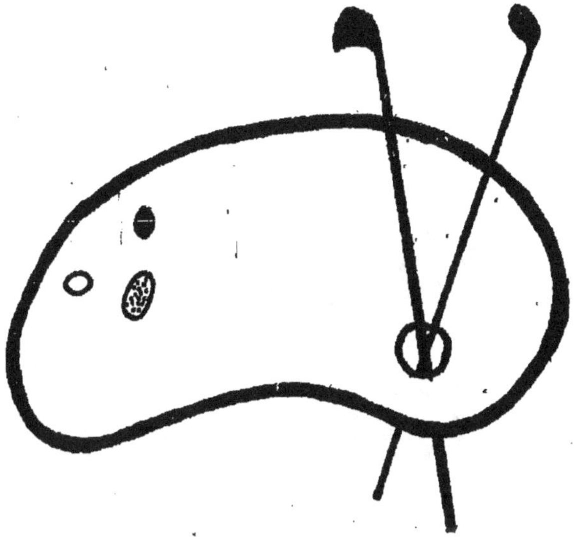

DEBUT D'UNE SERIE DE DOCUMENTS
EN COULEUR

SCIENCE & RELIGION
Études pour le temps présent

A. de GOURLET

Les Vierges Chrétiennes

Étude historique

BLOUD & Cie

1906

L'Épouse Parfaite

par FRAY LUIS de LÉON

Première version française, introduction et notes par Jane DIEULAFOY. Édition suivie de la Messe de mariage et des relevailles. Couverture illustrée par GRANIÉ. 1 vol. in-16 carré. Prix 3 francs, franco 3 fr. 50.

L'Épouse parfaite est une gemme pure et rare qui fait partie du trésor littéraire de l'Espagne venue à son apogée durant le siècle si bien nommé le *siècle d'or*.

Elle fut adressée en 1583 à Doña Maria Varela Osorio par l'illustre Fray Luis de Léon, de l'Ordre de Saint-Augustin, professeur de Bible à l'université de Salamanque et l'un des hommes dont la science, le génie poétique et la vertu transcendante ont illuminé son époque.

L'auteur explique, analyse et développe le chapitre des Proverbes où Salomon peignit la femme forte, et trace en psychologue singulièrement averti un magnifique portrait de l'Épouse parfaite.

Pour traduire cette étude, il fallait un écrivain connaissant mieux que la langue, mais l'âme et le cœur de l'Espagne et qui, comprenant toute l'importance des conseils contenus dans l'ouvrage, se fît avec piété l'interprète de l'auteur.

Ce traducteur s'est heureusement rencontré.

Mme Jane Dieulafoy a rendu dans une belle langue et avec un rare bonheur dans le choix des expressions une prose rythmée d'une interprétation si difficile que personne jusqu'ici n'avait osé entreprendre une pareille tâche.

Elle a fait précéder le texte d'une préface du plus haut intérêt où elle peint Fray Luis de Léon entouré de cette jeunesse ardente de Salamanque au milieu de laquelle se déroula sa vie périlleuse, couronnée par une apothéose.

L'éditeur a joint à l'*Épouse parfaite* une messe de mariage et les relevailles. Jamais en effet livre ne fut mieux approprié à la jeune femme qui entre dans la vie conjugale comme à celle qui en a déjà parcouru plusieurs étapes.

L'Épouse parfaite est indispensable à toute femme désireuse de connaître ses devoirs, de les bien remplir, de mériter ici-bas la louange, prémice des récompenses futures, en travaillant au bonheur de ceux qui l'entourent, depuis l'époux, les enfants, les amis, jusqu'au plus humble serviteur.

Il a été tiré de cet ouvrage :

10 ex. sur Japon.............. Prix : 15 francs.
60 ex. sur Hollande.............. Prix : 10 francs.

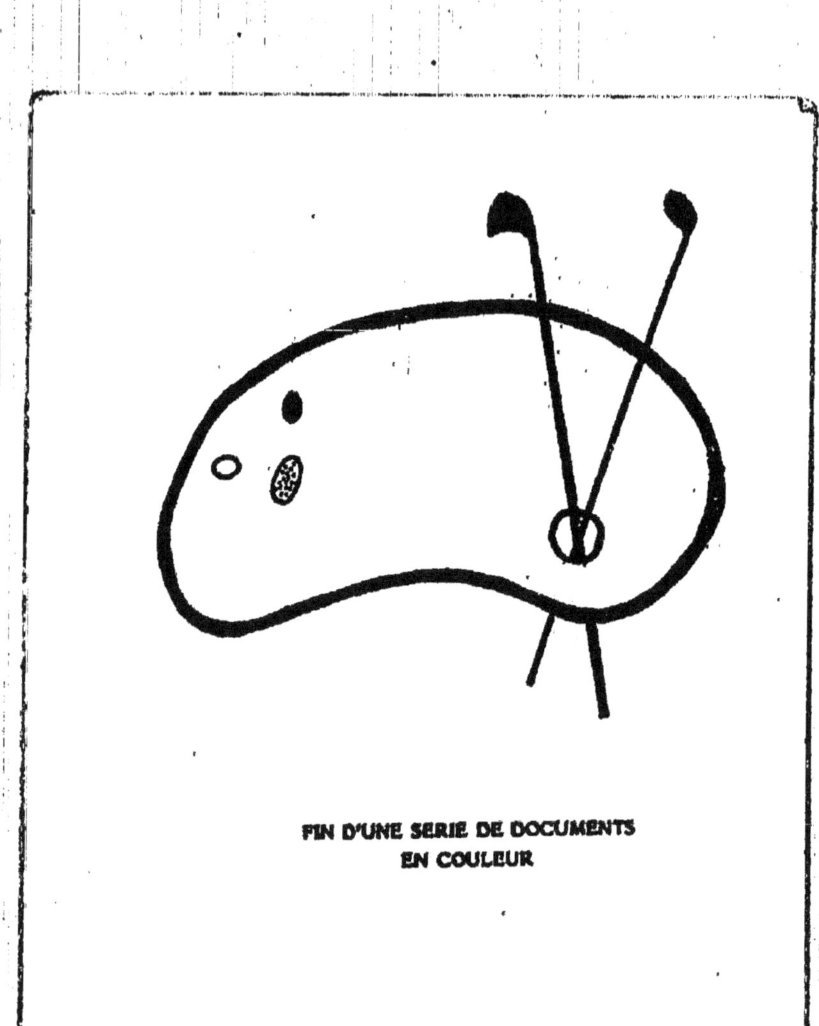

FIN D'UNE SERIE DE DOCUMENTS
EN COULEUR

SCIENCE ET RELIGION
Études pour le temps présent

LES VIERGES CHRÉTIENNES

ÉTUDE HISTORIQUE

PAR

A. DE GOURLET

PARIS
LIBRAIRIE BLOUD ET Cie
4, RUE MADAME, 4
1906
Reproduction et traduction interdites

MÊME COLLECTION

Les Vierges Chrétiennes

« *Je vis l'Agneau debout sur la montagne de Sion et avec lui cent quarante-quatre mille qui avaient son nom et le nom de son Père écrits sur leurs fronts... Ils chantaient comme un cantique nouveau devant le trône, et nul ne pouvait chanter ce cantique que ces cent quarante-quatre mille qui ont été rachetés de la terre... Ceux-là suivent l'Agneau partout où il va : ils ont été rachetés d'entre les hommes comme les prémices consacrées à Dieu et à l'Agneau.* » (Apocalypse, ch. XIV, v. 1, 3, 4.)

Dans la lumière prophétique, l'apôtre vierge voyait ainsi l'armée des vierges célébrant éternellement la louange et l'amour du Christ, et nous, contemplant à l'historique clarté des faits tous les jours et toutes les phases de la vie de l'Église, nous c percevons, comme Jean, « *une grande multitude que personne ne peut compter, de toutes les nations, de toutes les tribus, de tous les peuples et de toutes les langues.* » (Ap., VII, 9.)

Partout où l'Église apparaît, nous y trouvons des vierges ; point de tabernacle à l'ombre duquel ne fleurisse la vie chaste ; les missions africaines ou asiatiques du XXe siècle fournissent, aussi bien que la Judée des temps évangéliques ou la Rome des catacombes, leur contingent à la multitude virginale.

Les différences de temps, de pays, les circonstances extérieures, ont amené de profondes modifications dans le genre de vie des vierges con-

sacrées, mais cette vie conserve toujours et partout
sa loi essentielle résumée par cette définition de
saint Basile : « La vierge est celle qui, librement,
s'est offerte au Seigneur, a renoncé au mariage
et choisi un état de vie tendant à la sainteté. »

La simplicité des âges apostoliques, les persécu-
tions sanglantes, le luxe affolé de l'empire romain
aux dernières lueurs de sa décadence, les six siècles d'invasions et de guerres ravageant l'Europe
sous le puissant remous des races nouvelles, le
Moyen Âge semblant comme l'aurore d'une chrétienté harmonieuse et pure, d'une Cité de Dieu
réalisée, les tourmentes du seizième puis du dix-
huitième siècle, ont forcé la vierge du Christ à des
adaptations multiples. Tour à tour enfermée dans
les monastères ou mêlée au monde ; souriante sur
le chevalet du martyre ou exhortant les foules au
milieu des places publiques ; au chevet des malades, sur les terres périlleuses des missions, partout où est l'Église se rencontre la vierge. Elle
oppose aux mille attaques du mal les mille et une
ressources du bien, elle a toujours sur les lèvres
pour embaumer toutes les douleurs, pour s'unir à
tous les chants d'allégresse, ce cantique nouveau
que nul ne peut chanter sinon ceux-là qui ont été
rachetés de la terre.

Lorsqu'on arrache à la virginité ses vêtements
bénits, ses sanctuaires et jusqu'à la douce vie fraternelle, ce cantique éternellement nouveau lui
demeure avec la puissance qui en découle ; aucune
force humaine n'est capable d'ôter la meilleure
part à celles qui l'ont choisie et la victorieuse évolution de leur vie les garde toujours prêtes pour
une action toujours plus efficace. C'est ce qu'un
coup d'œil sur l'histoire va nous redire encore.

CHAPITRE PREMIER

Les Vierges dans l'Église des premiers siècles.

Avant le christianisme : la virginité chez les Juifs ; la
virginité dans le paganisme : Sybilles et Vestales.

La virginité chrétienne : définition de saint Basile, les
vierges aux temps apostoliques : les quatre filles de
Philippe, Thècle, Pétronille.

Au ii⁰ siècle : saint Clément, Flavia Domitilla, Praxède
et Pudentienne, Cécile.

Aux iii⁰ et iv⁰ siècles : les consécrations virginales : cérémonial, âge, imposition du voile.

Ce que disent les pierres des catacombes ; ce que disent
les Pères de l'Eglise : Tertullien, saint Athanase, sainte
Agnès.

Les docteurs de la virginité et les directeurs d'âmes au
iv⁰ siècle : saint Ambroise, saint Jérôme, saint Augustin. Histoire de Démétriade.

Les vierges des Gaules : sainte Geneviève.

Au commencement du v⁰ siècle : deux sortes de vierges :
virgines ecclesiasticæ, virgines monasticæ.

Le rôle social des vierges dans la jeune société chrétienne.

I

C'est un lieu commun de rappeler que la virginité, en opprobre aux yeux des Juifs (1), est restée à peu près inconnue au monde païen. Pythies et sybilles étaient souvent des malades, et, d'ailleurs, ne se vouaient que pour un temps à leur fonction d'inspirées ; les vestales elles-mêmes, chez qui la crainte se trouvait souvent impuissante à garder la chasteté professionnelle, recevaient leur sacerdoce pour une période déterminée. Saint Ambroise le rappelle en les repoussant éloquemment du nombre des vierges, « *qualis ista est non morum pudicitia, sed annorum (2).* »

Et cependant, du fait même de l'obligation qui leur était imposée, leur nom s'entourait d'un prestige vis-à-vis des races chastes du Nord ; les femmes des Cimbres, ces farouches adversaires de Marius, consentaient à se rendre si, respectées de leurs vainqueurs, elles pouvaient devenir esclaves des vestales. Mais les temps antérieurs au christianisme n'ont soupçonné qu'une virginité négative, l'Evangile seul devait susciter la virginité positive et féconde, celle dont nous parle saint Basile, libre offrande au Seigneur, choix d'un genre de vie tendant à la sainteté ; à celles-là seules qui remplissent ce programme la langue de l'Eglise a réservé le nom de vierges.

(1) Selon saint Ambroise, elle n'est entrevue dans l'ancienne loi qu'à l'état de figure, «*figura enim in paucis est, vita in pluribus.* » *De Virginitate*, l. I, c. III.

(2) *De Virg.*, l. I, c. IV.

Dès les premiers jours, elles furent nombreuses à marcher sur les traces de la Mère du Christ ; les Actes des Apôtres gardent le souvenir des quatre filles du diacre Philippe, qui avaient reçu le don de prophétie (1). La tradition nous montre aux côtés de saint Paul et partageant son apostolat, Thècle, la jeune patricienne d'Iconium que saint Ambroise proclame digne de celui qui a guidé son âme (2). Puis Pétronille consacrée par le chef des Apôtres, la première de la longue théorie des vierges romaines. Que la virginité soit d'institution apostolique, tous les apologistes, Justin, Tertullien, Athénagore, en témoignent positivement ; c'était chose reconnue de tous à l'époque patristique. Les lettres du pape saint Clément, écrites à la fin du premier siècle, ne sont que le développement de la doctrine de saint Paul relative aux vierges, telle qu'elle est exposée au chapitre VII de la première épître aux Corinthiens. Ce pontife, consécrateur entre autres de la vierge Flavia Domitilla, considère la consécration virginale comme un acte libérateur rendant la femme capable d'avoir au service de Dieu son action propre, d'exercer, « étant sainte de corps et d'esprit, » un apostolat actif dans « les choses qui regardent le Seigneur (3) ».

Les autorités familiales pesaient lourdement sur la femme, dans le vieux droit romain ; l'affranchissement de la vierge vis-à-vis d'elles, son établissement comme être individuel, comme unité sociale d'un nouveau genre, si j'ose

(1) *Actes*, XXI, 9.

(2) *Da hujuscemodi doctorem, et discipulam requiris. De Virg.,* l. II, c. 3.

(3) I *Cor.*, VII, 34.

ainsi dire, semblent le premier caractère extérieur de la vie virginale, car, étant donnée la ferveur qui régnait alors dans les communautés chrétiennes, le mode d'existence de la vierge consacrée se différenciait bien peu de celui des autres femmes ; les recommandations de saint Pierre et de saint Paul contre le luxe sont adressées à toutes les chrétiennes, elles se rapprochent beaucoup des exhortations que les Pères de l'Eglise adresseront plus tard aux seules vierges. A mesure que le zèle se relâchera chez le plus grand nombre, nous verrons les vierges se séparer peu à peu du monde par leur vie, par leur vêtement, en venir même à se fixer tout à fait en dehors de lui, mais nous n'en sommes pas là au 1er ni au 11e siècle.

Si saint Clément impose le *flammeum* à Flavia Domitilla, cette cérémonie n'équivaut nullement à une *vêture* monastique, le voile était prescrit par saint Paul à toutes les femmes. Bien plus, le flammeum faisait partie de l'appareil nuptial chez les Romains ; symbole d'une union contractée, il se joint aux plus anciennes inscriptions et aux écrits de tous les Pères pour proclamer ce titre d'épouses du Christ que l'Eglise a toujours donné aux vierges. « *Per sacra vela Deo nubere,* » ainsi s'exprime une antique pierre des catacombes (1) donnant la signification précise de cette imposition du voile, le pourquoi de la haute dignité de la vierge dans l'Eglise, la raison mystérieuse et réelle qui la rend suprêmement libre vis-à-vis de l'homme.

Au 11e siècle, Praxède et Pudentienne, comme

(1) Sur tous les détails archéologiques et épigraphiques on consultera avec le plus grand fruit l'important ouvrage de Mgr J. Wilpert, *Die Gottgeweihten Jungfrauen*. Fribourg, 1892.

Cécile, comme les innombrables vierges martyres, vivent mêlées à leur famille et au monde ;
leur consécration demeure secrète, elles usent
de toutes choses comme n'en usant pas, selon
le précepte de saint Paul, et leur caractère spé-
cial ne modifie que l'intime de leur âme. Le corps
de sainte Cécile a été retrouvé vêtu d'une robe
brodée et cerclée d'or, comme en portaient les
riches patriciennes. Plus d'un siècle après, les
usages restaient les mêmes ; les peintures des
catacombes représentent sainte Agnès soit voilée,
soit sans voile, et dans les vêtements de sa condition. Naturellement, les esclaves qui consacraient à Dieu leur virginité, comme sainte Blan-
dine, sainte Pudentienne, et tant d'autres, ne
changeaient absolument rien à leur vie extérieure.

Outre l'imposition du voile, la consécration
des vierges a toujours comporté l'émission d'un
vœu renfermant le double élément négatif et
positif que nous avons déjà signalé : la vierge
renonçait au mariage et s'engageait à tendre
constamment vers une vie parfaite. Au temps
de Tertullien, ce vœu était prononcé publique-
ment dans la plupart des cas, mais les persécutions imposaient souvent une émission privée
des vœux, et ce n'est qu'au quatrième siècle
que se généralise la consécration de la vierge
faite à l'autel par l'évêque, à très peu près
selon le pontifical qui est encore en usage.
Le pontife est médiateur pour recevoir au
nom de Dieu, l'offrande présentée, *virgo de-
dicata,* il est aussi médiateur et prêtre pour
offrir l'hostie a l'autel en empruntant les ac-
cents de joie triomphale de ce psaume 44
qui, à travers les siècles, fournit à l'Eglise la

substance de tous les offices des vierges.

De même que les persécutions modifiaient ou empêchaient le cérémonial, elles conduisirent aussi bien souvent l'Eglise à recevoir à la profession virginale des enfants très jeunes encore ; si elles sont admises au nombre des martyres, comment ne le seraient-elles pas au nombre des vierges, demande saint Ambroise, qui établit toujours une intime connexité entre ces deux modes d'holocauste (1).

Agnès n'avait que treize ans lorsqu'elle confessa sa foi et déjà depuis longtemps elle était vouée au Christ et remplissait sa jeune vie par toutes les œuvres d'apostolat et de miséricorde. Beaucoup d'épitaphes consacrent le souvenir de vierges *cum capite velato* âgées de douze ou quatorze ans ; on trouve même aux catacombes celle d'une Olympias, âgée de cinq ans et qualifiée d'*ancilla Dei*. Si réellement ce titre implique une consécration, celle-ci ne pouvait guère être en ce cas que le fait des parents. Aux périodes de calme, l'âge généralement requis pour être admise parmi les vierges était seize ou dix-sept ans, ce qui, selon les mœurs régnant alors en Italie et en Orient, constituait déjà une certaine maturité. Dans les contrées du Nord, en Gaule par exemple, la consécration définitive paraît n'avoir été autorisé qu'à vingt-cinq ans(2). En effet, les vierges, bien que placées sous la direction de l'évêque, étaient en fait très indépendantes, n'ayant d'autre règle que l'Evangile et

(1) *Non enim ideo laudabilis virginitas quia et in martyribus reperitur, sed quia ipsa martyres faciat.* — *De Virginitate*, I, 3.

(2) Au v⁰ siècle, un décret du pape saint Léon, confirmé par l'empereur Majorien, interdit même l'imposition du voile, l'émission des vœux perpétuels, avant l'âge de quarante ans.

les écrits des Apôtres, d'autre lien entre elles
que celui de la fraternelle charité ; appartenant à Dieu, elles étaient investies d'une
dignité spéciale ; prenant, selon l'expression
de Tertullien, « le voile et le vêtement de la
femme, » elles sortaient de l'état de sujétion
de la jeune fille et venaient, nous l'avons déjà
indiqué, à une situation sociale qui demandait
un jugement ferme et une décision éprou-
vée.

Ces difficultés s'accrurent lors de la paix de
l'Eglise, car la masse des chrétiens, n'étant plus
stimulée par la persécution toujours près d'éclater durant les siècles précédents, cessa de tendre
à la vie parfaite et en vint à se distinguer bien
peu, quant à l'existence extérieure, des païens
auxquels elle se mêlait. Pour échapper à cette
contagion, les vierges en Orient suivirent le
mouvement des solitaires et commencèrent à se
retirer au désert à leur exemple ; quelques-unes
cependant continuèrent dans les villes et dans
leurs familles la vie des ascètes des premiers
temps ; saint Athanase leur adresse des pres-
criptions relatives à la simplicité du costume, ce
qui prouve qu'elles ne portaient pas un vêtement uniforme ; elles étaient encore nombreuses à l'époque de saint Grégoire de Nazianze.
A Rome, beaucoup d'entre elles se groupèrent
autour des pieuses matrones Marcella et Paule
et y ébauchèrent la vie monastique.

Toutefois, au quatrième siècle, des courants
bien distincts se dessinent sous l'influence de
chacun des grands directeurs d'âmes du monde
latin.

Saint Ambroise est le docteur par excellence,
« l'orateur populaire de la virginité, » selon l'ex-

pression du cardinal Rampolla (1) ; il semble
s'inquiéter assez peu de la forme sous laquelle
elle est pratiquée et s'attache uniquement à son
essence. Il cherche les gloires de l'épouse du
Christ, les splendeurs de « la vie du ciel com-
mencée », « les prémices de la résurrection » pos-
sédées à l'avance ; ce vœu d'appartenir à Dieu,
écrit-il à sa sœur Marcellina, « vous confère le
don de virginité parfaite, de telle sorte que vous
allez être transformée en un état angélique. » Il
voudrait adresser à tout l'univers ces paroles de
saint Paul que, pontife, il répétait dans la cérémonie de la consécration : « Je veux vous amener
tous au Christ comme une vierge chaste ; » il
anime l'Occident par l'exemple de l'Orient :
« Informez-vous combien de vierges l'Eglise
d'Alexandrie, celles de tout l'Orient et de toute
l'Afrique, ont coutume de consacrer à Dieu tous
les ans. Il y en a plus que Milan ne produit
d'hommes (2). » Et l'Occident entend l'appel, il
produit, lui aussi, des « armées de vierges » ; de
toute l'Italie, de la Mauritanie même, les jeunes filles accourent recevoir le voile des mains
d'Ambroise. Les mères défendent à leurs filles
d'aller entendre l'évêque, elles redoutent l'entraî-
nement de sa parole, mais leurs précautions
restent vaines. En même temps que le voile,
saint Ambroise remettait aux nouvelles consacrées une tunique spéciale ; toutefois le port n'en
devait pas être habituel, car il écrit quelque part :
« S'il m'arrive de rencontrer une vierge dans la

---

(1) Le beau livre du cardinal Rampolla, *Santa Melania Giuniore*
(Vatican, 1905) contient une étude importante sur les vierges romaines au IV⁰ et au V⁰ siècle.

(2) *De Virginitate*, III, 36.

rue, que la gravité de son maintien me révèle sa condition virginale. »

Saint Jérôme imprime aux patriciennes qu'il dirige un cachet plus monastique ; à dire vrai, la vie monacale, séparée du monde, est plus directement son objectif que la vie virginale elle-même. Ses premières disciples sont des veuves, et elles sont déjà groupées depuis plusieurs années lorsque des vierges se joignent à elles : cette jeune Asella, qui, à l'insu de sa famille, a vendu son collier d'or pour se procurer l'humble tunique des vierges, *tunica fuscor, vilis,* comme la désignent les écrivains contemporains ; puis Principia, Eustochium et bien d'autres, mais les veuves restent en majorité. Jérôme lui-même proclame le groupement du mont Aventin la première manifestation de la vie religieuse en Occident. Ce mouvement, d'ailleurs, n'était-il pas dû aux brûlants récits d'Athanase exilé racontant dans les palais romains la vie merveilleuse de tant de chrétiennes au désert ? Jérôme oppose cette séparation du siècle à la mondanité de certaines vierges dont il trace ce croquis fréquemment : « Une robe légère avec seulement quelques filets de pourpre, une chevelure attachée négligemment pour retomber avec plus de mollesse, une chaussure simple, un voile voltigeant sur les épaules, des manches courtes et serrées, une démarche brisée et nonchalante, voilà leur virginité. »

Cependant, celles à qui il s'adresse sont encore dans une certaine mesure mêlées au monde ; le palais de Marcella qui leur sert de monastère ne contient pas d'église, elles se rendent à celles où se rassemblent les fidèles, mais l'austère docteur leur recommande de ne pas multiplier leurs sorties, même dans un but de piété ; quant aux visites dans les opulentes demeures de leur parenté, il les favorise peu. Il y eut cependant quelques exceptions ; Asella vécut de longues années dans la maison paternelle : Paula et ses filles, Blésilla et Eustochium, paraissent n'avoir pas habité l'Aventin de façon permanente ; mais, en règle générale, saint Jérôme préférait pour les femmes vouées à Dieu l'existence en commun. La vie qu'il estime particulièrement convenir aux vierges est une vie de prière et d'étude, prière très prolongée comportant de longues psalmodies, étude approfondie des livres sacrés, des langues dans lesquels ils sont écrits, des commentaires qui en avaient déjà été faits, étude aussi des ouvrages religieux contemporains (1). Peu à peu il prépare ce qui sera l'organisation partout régnante dans la période suivante.

Saint Augustin, d'un esprit plus large et moins rigide, ne cherche pas à plier toutes les vies à la même mesure ; en même temps qu'il fonde des monastères de femmes à Hippone et à Carthage, il réserve pour la laisser au milieu du monde, où elle demeura jusqu'à une extrême vieillesse, la vierge Démétriade, dernier rejeton d'une illustre race. Lors du sac de Rome par Alaric, celle-ci avait été emmenée en Afrique par sa mère Juliana et sa grand'mère Proba, veuves toutes deux ; un grand nombre de vierges

(1) « Si tibi placet scire quot molestiis virgo libera, quot uxor astricta sit, legas Tertullianum ad Amicum Philosophum et de Virginitate alios libellos, et beati Cypriani volumen egregium, et Papæ Damasi super hac re versu prosaque composita ; et Ambrosii nostri quæ nuper scripsit ad Sororem opuscula. In quibus tanto se effudit eloquio ut quidquid ad laudes virginum pertinet, exquisirit, expresserit, ordinavit. » S. Hier. *ad Eust.*, ep. XXII.

et de veuves consacrées au Christ partageaient leur fuite et leur refuge. A Carthage, Augustin et Alype furent les conseillers et les guides des exilées.

Proba et Juliana préparaient une brillante alliance pour leur enfant lorsque celle-ci se présenta un jour devant elles ayant quitté toutes ses parures, revêtue d'humbles habits et leur annonçant sa consécration virginale. L'exemple de Démétriade trouva de nombreuses imitatrices, « la profession virginale se répandit dans chaque maison, » écrivait le vieux saint Jérôme, tout réjoui en son monastère de Bethléem par une telle nouvelle (1).

L'histoire de sainte Geneviève nous fournit quelques indications sur l'état des vierges en Gaule ; nous y voyons un premier degré de consécration donné par saint Germain d'Auxerre à Geneviève encore enfant, tandis que la profession définitive est réservée pour un âge plus avancé.

Les vierges des Gaules conservaient leur chevelure sous le flammeum, demeuraient mêlées à la vie extérieure dont la leur ne se distinguait que par une persévérance assidue dans la virginité et la pratique plus parfaite des vertus évangéliques.

Donc, au iv° siècle et au commencement du v°, dans toute l'Eglise, en Orient, en Afrique, en Italie et en Gaule, la virginité était professée sous une double forme : d'un côté les premières moniales, *virgines monasticæ,* de l'autre, les *virgines ecclesiasticæ,* ainsi appelées à cause de

____

(1) Hier., Ep., cxxx, *ad Demedriadem.*

leur inscription, de leur immatriculation, dans les archives de l'Eglise (1).

En ces dernières survivaient et se continuaient les auxiliaires des Apôtres, ces vierges dont la jeunesse et le martyre fleurissent les annales de l'Eglise primitive. Leur radieuse apparition à chaque page de la Légende dorée, les miracles qui défendent leur pureté ou nimbent leurs supplices, ne nous doivent pas faire perdre de vue la réalité de leur rôle historique. Les vierges ne furent pas des êtres de luxe dans l'Eglise, elles remplirent vis-à-vis de la société chrétienne des premiers âges une double mission. Disséminées dans tous les milieux, riches ou pauvres, chrétiens ou païens, elles y jouaient ce rôle d'une incalculable portée que joue le levain dans la pâte à laquelle il est mêlé, le ferment, si humble et si petit, dans les masses qu'il transforme. De leur zèle, de l'héroïcité des vertus auxquelles se vouait leur vie, émanait autour d'elles une sainte contagion et telle de leurs demeures devenait, comme celle de Cécile, une église domestique. « *Ubicumque virgo Dei est, templum Dei est* », disait saint Ambroise. Là où Dieu les avait placées, elles remplissaient ce ministère de la prière pour lequel les ont désignées et saint Paul et tous les Pères ; de là elles partaient chaque jour pour se rendre au chevet des malades, aux prisons des confesseurs de la Foi, près de toute souffrance et de toute misère. Chaque maison où vivait une vierge était ainsi comme le germe et l'essence d'un monastère, cette diffusion même ne contribue pas peu à expliquer le merveilleux niveau

____

(1) Cf. Rampolla, *op. cit.*, p. 152.

atteint par la vie chrétienne en ces âges.

Puis, ayant reçu leur première charte de saint Paul, les vierges s'attachaient fidèlement aux enseignements du grand Apôtre ; or celui-ci avait en tout temps travaillé de ses mains pour subvenir à ses besoins, à ceux des pauvres ; partout où il avait porté l'Evangile, il avait imposé la loi du travail, et pour elle-même et comme complément indispensable de la loi de l'aumône. — *Actes*, xx, 34, 35. II *Thessal.*, iii, 8, 10, 12. — Les vierges donc se livrèrent au travail manuel ; saint Ambroise (1) dit qu'elles alternaient avec les cantiques spirituels les besognes qui leur procuraient leur propre nourriture ainsi que les ressources nécesssaires aux malheureux qu'elles secouraient. Saint Augustin apporte le même témoignage en indiquant positivement que cette pratique s'appuie sur les enseignements de saint Paul (2). Toutes se conformaient à cette obligation sacrée du travail, même les illustres patriciennes dont les mères avaient oublié depuis tant de siècles l'antique activité des matrones romaines. D'ailleurs, ce n'était pas seulement le labeur ancestral et traditionnel que relevaient les mains virginales ; les Romaines d'autrefois se livraient à un travail domestique, à l'administration d'un bien familial que le père, l'époux, était seul chargé d'acquérir et d'accroître. Les vierges devenues, nous l'avons vu, des individualités, des personnes sociales, abordèrent résolûment le travail lucratif ; c'est par le christianisme que se produisirent au jour les deux grands faits économiques

---

(1) *De Virg.*, iii, c. x.

(2) *De Moribus Eccl. Cathol.*, i, 32.

du travail salarié libre et du travail salarié de la femme.

Continué dans les monastères, où il fut toujours associé au travail intellectuel, le travail manuel des vierges perdit beaucoup de son caractère économique, social, et redevint domestique, s'appliquant surtout aux besoins de la communauté.

BIBLIOGRAPHIE DU PREMIER CHAPITRE

Des origines au milieu du Vᵉ siècle.

SAINT AMBROISE. — Patrologie de Migne, Pères latins, T. XVI. De Virginibus. De Virginitate. De Institutione Virginis. De Exhortatione virginitatis. De Lapsu virginis consecrate.

SAINT JÉRÔME. — Patrologie de Migne, Pères latins, T. XXII. Ep. XXII ad Eustochium. Ep. XXIV ad Marcellam, in laude Asellae. Ep. LXV ad Principiam in laude Marcellæ. Ep. CXXX ad Demetriadem.

SAINT AUGUSTIN. — Patrologie de Migne, Pères latins, T. XXIII. De moribus ecclesiæ catholicæ.

DOM GUÉRANGER. — Sainte Cécile et la société romaine aux deux premiers siècles. Victor Palmé, 1884.

LAGRANGE (Mgr). — Histoire de Sainte Paule. Paris, Poussielgue, 1887.

LAGRANGE (Mgr). — Lettres choisies de Saint Jérôme. Paris Poussielgue, 1888.

LESÊTRE (Abbé). — Sainte Geneviève. Paris, Lecoffre, 1900.

MONTALEMBERT. — Histoire des Moines d'Occident, t. I et II. Paris, Lecoffre, 1868.

NEWMAN (J. H. cardinal). — Historical Sketches, vol. II. London, Longmans, Green and Cⁱ, 1891.

PAUTHE (Abbé L.) — Histoire de Sainte Marcelle : la vie religieuse chez les patriciennes de Rome au ivᵉ siècle, Paris, Poussielgue, 1884.

RAMPOLLA (Cardinal). — Santa Melania Giuniore, Senatriu Romana, Rome, Vatican, 1905.

WILPERT (Mgr J.). — Die gottgeweihten Jungfrauen in den ersten Jahrhunderten der Kirche. Herder, Freiburg im Breisgau, 1892.

CHAPITRE II

La période bénédictine.
Les grands monastères (V°-XIII° siècles).

Derniers vestiges de la virginité séculière.

Les vierges et les barbares.

Monastères de femmes en Orient : saint Pacôme, saint
Basile et Macrine, Febronia ; Paule à Bethléem.

Monastères de femmes en Gaule : Règle de saint Césaire,
les deux Césarie à Arles ; Sainte-Croix à Poitiers et la
reine Radegonde.

Règle de saint Colomban : sainte Brigitte de Kildare,
Faremoutiers. Les religieuses anglo-saxonnes. Monastères en Espagne.

L'ordre de saint Benoît : douze siècles de prééminence.
Les bénédictines en France et en Allemagne.

La vie dans les cloîtres : travail manuel, travail intellectuel ; les études féminines au v° siècle, au ix°.

Ce qu'il fallait de cuir pour l'usage d'une bibliothèque
monastique.

A partir du v° siècle, deux causes principales firent prévaloir la forme de vie monastique parmi les vierges, si bien qu'elle ne tarda pas à être la seule admise dans l'Église et que, dès le vI° siècle, c'est à peine si l'on trouve quelques rares vestiges des mœurs des premiers âges, par exemple les trois tantes du pape saint Grégoire, vierges consacrées, vivant dans leur famille ; puis Alboflède, sœur de Clovis, qui ne quitta pas la cour de son frère ; et Consortia à laquelle Clotaire accorda le droit de conserver ses vastes domaines et d'y vivre dans la virginité.

L'une de ces causes est le perpétuel danger que les incursions des Barbares faisaient courir aux femmes et contre lequel l'enceinte consacrée d'un monastère pouvait seule être une protection efficace ; l'histoire plus ou moins légendaire de sainte Ursule et de ses compagnes semble destinée à illustrer la nécessité d'un pareil secours. Si des vierges assumèrent, comme Geneviève, le rôle de défenseur de la Cité et le partagèrent avec l'évêque, ce ne pouvait être, évidemment, la loi générale.

L'autre raison déterminante qui poussa les vierges vers l'existence monastique fut, comme nous l'avons déjà signalé, la corruption des mœurs dans la société chrétienne suscitant chez les âmes ferventes un irrésistible besoin de fuite.

C'est en Orient d'abord que ce dégoût du monde exerça son influence ; les femmes suivirent l'exemple des hommes et embrassèrent la vie solitaire avec une telle ardeur que leurs foules peuplèrent bientôt le désert. Ne nous laissons pas tromper par l'éclat et la renommée de quelques grandes pénitentes ; les Marie l'Egyptienne, les Pélagie et les Thaïs ne furent que l'exception, les solitudes se remplirent de vierges. Pour celles-ci comme pour les hommes, le nombre amena l'organisation, la vie cénobitique remplaça la vie érémitique ; la sœur d'Antoine, celle de Pacôme, Euphrasie, noble héritière de Constantinople, et tant d'autres, fondèrent en Egypte des monastères si nombreux que la seule ville d'Oxyrinque renfermait plus de trente mille cénobites des deux sexes. Ces monastères étaient généralement doubles, c'est-à-dire réunissant un couvent d'hommes et un de femmes sous une même autorité ; les uns et les autres suivaient la règle de saint Pacôme ; leur costume était analogue à ce point que les vierges ne portaient pas de voile, le cucullus leur en servait.

En Asie, la vie monastique prit naissance de très bonne heure ; dès la persécution de Dioclétien, le monastère féminin de Nisibe, en Mésopotamie, était florissant et l'abbesse Febronia adressait des instructions aux matrones de la ville, séparée de son auditoire par un voile tendu devant elle ; Febronia fut au nombre des martyrs.

Macrine, sœur de saint Basile, groupa des vierges à Annesi, près du monastère fondé par son illustre frère ; là aussi règle et direction furent communes aux deux sexes.

Paule, Eustochium et l'élite des disciples de Jérôme, vinrent fonder un monastère à Bethléem sous l'autorité du saint Docteur.

Il y avait de nombreux monastères à Séleucie, à Ancyre ; et, dans les plus lointaines régions atteintes par l'Evangile, en Perse, dans l'Inde même, certaines jeunes Eglises comptaient plus de moines et de vierges que de chrétiens engagés dans le mariage.

Dans les contrées occidentales autres que l'Italie, la vie monastique ne fut introduite qu'au vi⁰ siècle et un motif nouveau vint s'ajouter à ceux que nous avons déjà signalés pour favoriser son recrutement féminin. Bien des femmes appartenant aux races barbares, en effet, touchées plus vite que les hommes par l'affinement de la civilisation, gagnées les premières à la douceur chrétienne, cherchèrent dans les monastères un refuge non seulement contre les dangers ou les séductions, mais contre la brutalité et la grossièreté des mœurs farouches de la société séculière.

En Gaule, le premier monastère de femmes fut fondé à Arles par saint Césaire ; sa sœur, puis sa nièce, y gouvernèrent deux cents vierges. Il y établit, comme à Lerins et dans les monastères d'hommes, une règle analogue sur bien des points à celle de saint Basile, mais qui a son originalité propre et fut pendant un siècle la charte monastique de l'Occident. C'est avec la règle de saint Césaire que sainte Radegonde établit à Poitiers son monastère de Sainte-Croix qui devint très vite un centre actif de vie intellectuelle. Au nord de la Loire les vierges aussi bien que les moines se rangèrent plutôt sous la loi de saint Colomban, beaucoup plus austère. Burgundofara, princesse de Bourgogne, disciple du moine irlandais, fonda le si longtemps florissant et illustre monastère de Faremoutiers.

L'Irlande était le foyer d'où partait ce nouveau mouvement suscité par la vierge Brigitte qui, à Kildare, rassemblait des milliers de moniales. Ce foyer subsista de longs siècles, symbolisé par le *feu de sainte Brigitte* sans cesse alimenté et toujours éclatant jusqu'aux spoliations de la Réforme.

Les monastères irlandais ne colonisèrent pas directement la Grande-Bretagne : les premières religieuses anglo-saxonnes allèrent chercher à Faremoutiers leur formation près des filles de saint Colomban. Dans toute l'Heptarchie, les monastères furent entourés de grands honneurs, de nombreuses vierges du sang d'Odin s'y vinrent consacrer à Dieu ; reines et princesses y partageaient avec les esclaves d'hier les titres officiels de fiancées du Seigneur, d'épouses de Dieu, inscrits dans toutes les lois anglo-saxonnes.

Le pontifical d'Egbert donne un cérémonial de la consécration virginale à peu près semblable à celui qui était depuis déjà des siècles en usage à Rome. En Angleterre comme dans le reste de la chrétienté, les monastères étaient le plus fréquemment doubles ; mais, tandis que dans les autres contrées l'abbé avait juridiction sur les moniales et sur les moines, l'abbesse saxonne exerçait l'autorité suprême (1).

A l'autre extrémité de l'Europe, en Espagne, Florentine, sœur de saint Isidore de Séville et de saint Léandre, fondait au vi⁰ siècle plus de quarante monastères. Isidore donna une règle à ces religieuses et condamnait les vierges restant au milieu du monde. Saint Fructueux éta-

____

(1) Il en fut de même en France, à l'abbaye de Fontevrault fondée au commencement du xii⁰ siècle.

blit en Espagne les doubles monastères.

En Italie, les règles de saint Augustin étaient plutôt suivies.

Ainsi, au vi{e} siècle, l'Occident monastique se partageait en diverses familles et se rangeait sous des observances variées ; il devait bientôt être unifié par un puissant législateur près de qui, comme la plupart de ses devanciers, Dieu plaça une aide féminine, une sœur, pour compléter son œuvre. Benoît et Scholastique sont les patriarches d'une des formes de la vie virginale qui ont le plus fortement marqué leur empreinte dans l'histoire ; la règle bénédictine régna exclusivement du viie au xiiie siècle et conserva la primauté jusqu'au xviiie.

Dès 630, le flot bénédictin se répand dans la France septentrionale et fonde, entre cent autres, la célèbre abbaye de Jouarre ; peu à peu, les anciens monastères adoptent la législation nouvelle ; ce furent Chelles, fondé par sainte Clotilde, puis Sainte-Croix et toutes les filles de saint Césaire, Faremoutiers, les fondations de saint Colomban. Il en fut de même en chaque contrée, et, en 743, le concile de Leptines, consacrant le fait accompli, prescrivit à toutes les religieuses d'observer la règle de saint Benoît.

En Allemagne les monastères se répandirent en même temps que le christianisme, leurs fondations successives jalonnaient les conquêtes de la croix. La colonisation monastique, ne commençant dans la Germanie qu'au viiie siècle, fut exclusivement bénédictine. A peine auparavant Friedeburga avait-elle inauguré au pays rhénan la vie virginale, mais avec sainte Odile à Hohenburg, sainte Lioba, disciple de saint Boniface à Bischofsheim, se fondent des abbayes régulières. Leur prospérité fut bientôt assez grande pour faire craindre une décadence et inciter dès la fin du xe siècle saint Wolfgang, évêque de Ratisbonne, à réformer les monastères de vierges en Allemagne. Ils donnèrent pendant tout le moyen âge une abondante floraison de moniales célèbres : Hroswitha, abbesse de Gandersheim, dramaturge et poète ; Hildegarde, Herrade, Lutgarde, illustres par leur sainteté encore plus que par leurs écrits ; celui de Robersdorf s'entoura de la gloire insigne de sainte Gertrude et des deux Mechtilde.

En Italie, en Espagne, en France, en Angleterre, en Allemagne, partout dans la chrétienté du moyen âge, la vie monastique était semblable sous la loi de saint Benoît. Ceux qui l'embrassaient y partageaient leur temps entre la prière, le travail de l'esprit et le travail des mains. Ce dernier n'était pas le même dans les monastères d'hommes et dans les monastères de femmes ; celles-ci se livraient rarement à l'agriculture, elles filaient, tissaient et confectionnaient des vêtements, et souvent donnaient à leurs travaux un caractère très artistique. Beaucoup de cloîtres abritaient des ateliers de broderie, tapisserie, reliure, sans parler de la peinture que nous rattacherons plutôt au cycle des études puisqu'elle était presque uniquement appliquée à l'ornementation des manuscrits et en commentait le texte.

Le travail intellectuel, comme la prière, était à peu près le même dans les monastères des deux sexes, les moniales demeurèrent fidèles tout le moyen âge à la tradition instituée par saint Jérôme et abordèrent les études les plus approfondies. Dès la fondation d'un monastère bénédictin, bibliothèque et bibliothécaire devaient être immédiatement établis. Non seulement saint Benoît, mais toutes les règles monastiques antérieures prescrivent l'étude aux religieuses et ordonnent d'y consacrer un temps plus ou moins considérable. Saint Césaire exigeait un minimum de deux heures par jour.

Sainte Radegonde entreprenait les lectures les plus variées et y appliquait ses religieuses, l'Ecriture Sainte, les Vies des Saints, les écrits des Pères grecs et latins : Athanase, Basile, Grégoire de Nazianze, Grégoire de Nysse, les poètes même et les historiens figuraient dans la bibliothèque de Sainte-Croix. Les études musicales y étaient déjà en grand honneur, comme plus tard dans les abbayes bénédictines. Enfin Radegonde ne se contentait pas de lire mais elle laissa de nombreux ouvrages et habitua ses disciples à la composition littéraire ; l'une d'elles, Baudonivie, a écrit la vie de la sainte reine.

Le programme d'études demeura à peu près le même au cours des siècles suivants, pourtant à partir du neuvième, au moins en Allemagne, le *quadrivium* — le cycle scientifique — fut joint au *trivium* dans les écoles intérieures des monastères de femmes. Outre celles-ci les abbayes avaient des écoles extérieures pour les élèves laïques, non seulement pour les filles, mais parfois aussi pour les garçons.

Les abbesses furent souvent des femmes éminentes par leur science et donnant une impulsion précieuse aux études de leurs religieuses. Cécile, fille de Guillaume le Conquérant et abbesse du monastère de la Trinité à Caen, était renommée pour son érudition ; les chroniqueurs la signalent comme *multipliciter erudita*. On cite encore l'abbesse Emma, de Saint-Amand à Rouen, qui fut poète, poètes aussi Hroswitha et Herrade en Allemagne. Sainte Gertrude est un des meilleurs écrivains du XIII° siècle.

Celles des moniales qui ne produisaient pas d'ouvrages originaux consacraient de longues heures à la transcription des manuscrits et les bibliothèques monastiques atteignaient une telle importance que Geoffroy Martel, comte d'Anjou, léguait à l'abbaye Notre-Dame de Saintes, tous les cerfs et les biches que l'on prendrait dans l'île d'Oléron afin que leur cuir pût servir à relier les livres des religieuses.

BIBLIOGRAPHIE DU DEUXIÈME CHAPITRE

Du Ve siècle au XIIIe.

HISTOIRE LITTÉRAIRE DE LA FRANCE, par les Bénédictins de Saint-Maur. T. III, vi^e et viie siècles, 1735. T. VI, xe siècle, 1742. T. VII de 1000 à 1068, 1746.

DOM HESSE. — Les Moines d'Orient, Oudin, Paris-Poitiers, 1900.

LEDOS. — Sainte Gertrude, Paris, Lecoffre, 1901.

MONTALEMBERT. — Histoire des Moines d'Occident, T. V. 4e édition, Paris, Lecoffre, 1878.

Cardinal RAMPOLLA. — Op. cit.

CHAPITRE III

Les Vierges dans le siècle. — Les Tiers ordres.
(XIIIe au XVIe siècle).

Sainte Brigitte de Suède et sa fille Catherine.

Les vierges dans le mariage : l'impératrice Pulchérie. Elzéar de Sabran et Delphine, Françoise d'Amboise, Jeanne de Maillé, Angéline de Marsciano.

La virginité et les exigences de la politique : Agnès de Bohême.

Saint Dominique et saint François. Les tiers ordres.

Étonnante portée du rôle social des vierges tertiaires.

Sainte Rose de Viterbe apôtre de la paix civile ; à dix ans elle remue toute une ville.

Sainte Catherine de Sienne apôtre de la paix de l'Eglise, universelle extension de son influence. Sainte Colette de Corbie continuatrice de saint François ; elle exerce son action dans toute l'Europe.

La virginité dans les camps : Jeanne d'Arc, la vierge guerrière.

La vie bénédictine se continua dans de nombreux monastéres jusqu'aux temps modernes ; quelques centres la conservent encore identique à elle-même et telle à peu près qu'il y a mille ans ; au xvii° siécle, elle était très florissante, Port-Royal en témoigne mieux que les abbayes riches et célébres de Chelles ou de Fontevrault. Mais cette forme unique d'existence et de consécration ne pouvait longtemps suffire aux multiples attraits ressentis par les âmes virginales ; beaucoup aspiraient à une vie moins séparée du monde, à un apostolat actif.

Quelques-unes crurent les trouver à la suite de sainte Brigitte de Suède, mais celle-ci, bien qu'ayant passé elle-même de longues années en voyages à Rome, même jusqu'à Jérusalem, en négociations politiques et diplomatiques, donna à l'ordre du Saint-Sauveur qu'elle institua une forme dés longtemps connue, celle d'un monastére double sous l'autorité de l'abbesse qui devait, disait-elle, tenir la même place parmi les frères et les sœurs que la Vierge Marie au milieu des disciples du Christ. Sa régle, encore suivie dans quelques contrées, est une adaptation de celle de saint Augustin.

Sainte Brigitte fut secondée pour la fondation de son monastére de Valdstena par sa fille Catherine qui avait conservé sa virginité — vouée à Dieu — dans son mariage avec Edgard de Kyrn. Ces unions toutes spirituelles furent si nombreuses au moyen âge qu'elles en viennent à constituer un des modes reconnus par l'Eglise de l'existence virginale. A cette période, les mœurs n'admettent pas que la femme demeure dépourvue d'une protection ; il faut qu'elle choisisse entre celle du cloître et celle d'un époux. Or, dans les races royales ou les grandes familles féodales, d'impérieuses responsabilités sociales interdisaient souvent aux vierges, aussi bien qu'à des princes et seigneurs, l'accès de la vie monastique ; on vit donc des âmes éprises du service de Dieu s'unir par un mariage qui ne diminuait rien du don d'elles-mêmes fait au Christ. L'impératrice Pulchérie fut la première dont l'histoire garde le souvenir depuis les temps de sainte Cécile ; puis, après le trône de Constantinople, l'union virginale se montra successivement sur ceux d'Allemagne, d'Angleterre, de Pologne et de Hongrie.

La féodalité française compta dans la même phalange Elzéar de Sabran et Delphine de Glandève, Pierre II de Bretagne et Françoise d'Amboise, Robert de Sillé et Jeanne de Maillé ; nous venons de voir en Suède Catherine et Edgard, le xv° siècle italien nous montre encore Angelina de Marsciano, l'épouse vierge du comte de Civitella, qui après la mort de celui-ci parcourait les Abruzzes en recrutant des vierges, à la grande indignation du pouvoir civil, si bien qu'elle fut accusée et traduite devant le roi de Naples.

Cependant, à cette époque, les vierges princières n'étaient plus absolument réduites à l'alternative de trouver un époux qui s'accommodât à leur dessein ou d'être protégées du ciel à la façon de la bienheureuse Eustochium de Cafalato, dont deux fiancés successifs moururent avant qu'elle fût laissée libre d'entrer dans un monastère.

Dès le XIIIᵉ siècle, la bienheureuse Agnès de Bohême, qui avait voué sa virginité à Dieu, fiancée par son père et par son frère à tous les princes de l'Europe, même au roi d'Angleterre et à l'empereur d'Allemagne, défendue contre tous ces projets par le pape Grégoire IX, continua de longues années à vivre à la cour dans la prière et la pénitence et finit par fonder un monastère. On prête à son sujet ces paroles à l'empereur peu chrétien Frédéric II : « Si elle m'avait quitté pour un homme mortel, j'en aurais tiré vengeance par les armes ; mais je ne puis trouver mauvais qu'elle me préfère le Roi du Ciel. » Sainte Catherine de Bologne passa aussi toute une partie de sa jeunesse à la cour de Ferrare, où elle se livrait à l'étude et à la peinture, avant d'entrer dans un monastère.

Mais, si multipliées que fussent les souverainetés au moyen âge, les princesses et les cours sont l'exception ; pour les autres classes, pour la grande majorité des vierges, ce furent les ordres dominicain et franciscain, et surtout les tiers ordres, qui modifièrent profondément la vie religieuse.

Au début, les fondations féminines issues des deux grands patriarches n'eurent d'autre forme que la forme claustrale : sainte Claire et ses compagnes ainsi que les *sœurs prêcheresses* de Saint-Sixte ou de Prouille, demeuraient cloîtrées dans une vie pénitente et contemplative. Au début aussi, les tiers ordres se contentaient de promouvoir parmi les gens de toutes conditions une pratique plus parfaite des préceptes évangéliques ; mais bientôt à cette sélection du tiers ordre s'en ajouta une autre s'exerçant sur les tertiaires eux-mêmes. Nombre de vierges y recherchèrent l'application des conseils ; peu à peu elles s'y groupèrent entre elles et formèrent les nouvelles communautés de tertiaires régulières.

Tant que dura le moyen âge, ces tertiaires eurent l'apostolat comme loi principale et s'y livrèrent avec toutes les saintes hardiesses de leur zèle. Le Christ semble avoir répété à plusieurs ces paroles qu'il adressa à l'une d'elles (1) : « Il n'y a pour moi ni différences de sexe, ni différences de condition. »

C'est ainsi que l'on vit Rose de Viterbe prêcher dès l'âge de dix ans dans les rues et sur les places de sa ville natale ; pieds nus, les cheveux flottants, elle exhortait ses concitoyens à la pénitence et leur annonçait le royaume de Dieu. Pour que sa petite taille ne lui fût pas un obstacle à être entendue, elle montait sur une borne et, si la foule se faisait plus nombreuse, bien souvent la borne était miraculeusement élevée en l'air pour que la parole de Dieu sur les lèvres de Rose pût être entendue de chacun. Les gibelins s'effrayèrent de l'influence d'une enfant, elle fut exilée de Viterbe avec ses parents ; son zèle alors s'exerça dans les bourgades voisines qu'elle évangélisa. Puis, la paix rétablie, sa mission terminée, à quinze ans elle se cloîtra dans la maison paternelle pour les deux années qu'elle devait encore passer sur la terre.

Au siècle suivant, nous retrouvons en Catherine de Sienne le type de la vierge apôtre et sem-

_____

(1) Sainte Catherine de Sienne.

blant affranchie de l'ordinaire condition féminine. Cette grande mystique donnait à l'action tout le temps qu'elle ne passait pas en extase ; son zèle ardent l'entraînait bien souvent là où n'eût pu passer le manteau bénit de la tertiaire. « J'aime mieux, disait-elle, être rencontrée sans mon manteau que sans la charité. » L'apostolat de sainte Catherine, commencé dans sa famille, s'étendit à ses compagnes du tiers ordre ; puis bientôt la ville de Sienne, ses pauvres et ses magistrats, ses criminels et son clergé, lui fut une limite trop étroite ; il fit ressentir son influence à la catholicité tout entière. En effet, l'action de Catherine s'exerça sur le Souverain Pontife lui-même qu'elle alla trouver à Avignon et qu'elle détermina à rentrer dans la Ville Éternelle, veuve de son pasteur depuis près de soixante-dix ans. Revenu à Rome, Grégoire XI choisit la vierge siennoise pour ambassadrice auprès de Florence où elle obtint une confiance égale à celle que lui donnaient ses concitoyens. Au sortir même de la contemplation, elle dictait ses lettres politiques sans que jamais de si grandes affaires portassent le moindre trouble à la vie intime de son âme.

Le rôle de sainte Colette Boilet, née l'année qui suivit la mort de sainte Catherine, eut autant d'importance et d'éclat que celui de cette dernière. Fille d'un charpentier de Corbie, elle fit à l'âge de dix-huit ans vœu de virginité, puis essaya la vie religieuse dans plusieurs ordres ; ayant reçu l'habit du Tiers Ordre franciscain, elle mena pendant cinq ans la vie de recluse. Plus tard, investie par le pape de la mission de réformer les monastères franciscains de femmes, elle passa à peu près sans transition de sa cellule emmurée à une existence de perpétuels voyages à travers la France et l'Europe. Elle fonda dix-huit couvents et fit bâtir, dit-on, trois cent quatre-vingts églises. Dans toute la chrétienté elle était tenue pour la plus parfaite image de saint François et lorsque le pape Benoît XIII lui accorda une audience à Nice, il lui témoigna une telle vénération qu'il alla, disent certains, jusqu'à se prosterner devant elle.

Colette entretenait des relations avec tous les grands personnages de son temps, elle était l'intime conseillère des princesses de Bourgogne, de Bourbon, de Berry et d'Armagnac. Investie de la confiance des deux partis qui déchiraient la France envahie, elle leur servit souvent d'intermédiaire : mais, ardente patriote, elle ne fit jamais aucune fondation dans les portions du territoire au pouvoir des Anglais. Ainsi cette sainte révérée, cette réformatrice d'ordre, apparaît comme le précurseur et l'auxiliaire de la vierge guerrière dans la défense de la patrie.

On sait que toutes les probabilités s'accordent pour rattacher Jeanne d'Arc au tiers ordre de saint François ; en tout cas elle ne peut être comptée que parmi les vierges dédiées à Dieu, celle qui vivant dans les camps et au milieu des hommes d'armes, était revêtue d'une beauté si chaste que jamais, au dire de ses compagnons, elle n'éveillait un désir charnel. On suppose que Jeanne et Colette se sont trouvées en rapport (1) ; elles ont pu se rencontrer à Moulins, près de Marie de Berry. Vouées à une œuvre commune elles y marchaient sous le même étendard, tim-

_____

(1) M. Alph. Germain fait des rapports probables entre Jeanne d'Arc et sainte Colette une intéressante étude dans son livre sur *Sainte Colette de Corbie*. Paris, Poussielgue.

brant leurs lettres du même cri de guerre : Jhésus Maria, ayant mêmes dévotions, mêmes fêtes de prédilection.

Catherine de Sienne, Colette de Corbie et Jeanne d'Arc, les trois vierges démocratiques du moyen âge finissant, nous font toucher du doigt la puissance acquise au cours des siècles de vie claustrale par la virginité. Non en elle-même, les martyres des premiers âges étaient investies elles aussi de la force de Dieu ; mais vis-à-vis de la société chrétienne qui montrait à de frêles plébéiennes plus de respect qu'aux puissants monarques et subissait leur ascendant comme une attraction divine.

BIBLIOGRAPHIE DU TROISIÈME CHAPITRE

Du XIIIe au XVIe siècle.

*** Die selige Königstochter Agnes von Bohmen. Regensburg, 1874.

Comtesse DE FLAVIGNY. — Sainte Brigitte de Suède, sa vie, ses révélations et son œuvre. Paris, J. Leday et Cie, 1892.

Comtesse DE FLAVIGNY. — Sainte Catherine de Sienne. Paris, Mignard, 1895.

GERMAIN (Alphonse). — Sainte Colette de Corbie. Paris. Poussielgue.

GOYAU (Georges). — Autour du catholicisme social, 2e série. Paris, Perrin, 3e éd., 1902.

LÉON (P.). — Vie des Saints et des Bienheureux de l'Ordre de Saint François. Paris, Bloud et Barral, 1887.

CHAPITRE IV

Les Ordres modernes (XVI°-XIX° siècles).

On eût pu croire que le moment était venu pour les vierges consacrées de reprendre au milieu du monde cette action de présence et cet intime contact que leur avaient dévolus les premiers siècles chrétiens. Il n'en fut rien cependant, et les tertiaires régulières dominicaines et franciscaines constituèrent bientôt des monastères analogues à ceux des vieux ordres. Bien plus, comme la mondanité tirait plus souvent les religieuses hors des grilles que l'apostolat, comme la poussée protestante exigeait de l'Eglise une plus grande austérité, le concile de Trente prescrivit la clôture rigoureuse à tous les couvents de femmes existants ; sainte Thérèse la gardait, au cours des voyages entraînés par ses multiples fondations, jusque dans le chariot couvert qui la transportait et chez les amis qui la recevaient. La réforme du Carmel attirant vers la pénitence du cloître des foules d'âmes virginales, semblait même devoir marquer une recrudescence de solitude, de contemplation, de séparation du monde dans la vie consacrée à Dieu. Et cependant, l'heure approchait où cette vie allait se manifester sous de nouvelles formes, où les vierges allaient être conduites vers les multitudes pour y répandre la charité du Christ qui faisait éclater les enceintes et les murailles et débordait du cœur des saints sur la chrétienté tout entière. Le concile de Trente confirme l'obligation claustrale pour les anciens ordres, l'esprit nouveau se fera jour par de nouvelles créations :

à partir du xvi° siècle, tous les fondateurs cher-
chent à s'évader des vieux moules et nous verrons qu'ils s'efforçaient vers un type beaucoup
plus déterminé de virginité séculière que celui
qu'ils ont réalisé sous la pression des événe-
ments extérieurs.

Les Ursulines furent le premier groupe où se
manifesta cette tendance ; une congrégation
sous le patronage des Onze mille Vierges avait
été fondée au commencement du xvi° siècle par
sainte Angèle Mérici dans le diocèse de Milan ;
saint Charles Borromée résolut de l'employer à
l'instruction des jeunes filles et c'est à elle
qu'Anne de Xainctonge recourut pour multiplier
dans les villes et les campagnes de l'est de la
France les petites écoles de filles.

Cette Anne de Xainctonge était une vaillante
d'âme qui, voyant la nécessité d'instruire les
femmes de toutes conditions, n'eut jamais l'idée
qu'aucun obstacle pût l'empêcher d'entreprendre
cette tâche. Toute sa vie fut un apostolat de haute
lutte : aux combats contre sa famille qui ne
voulait pas qu'elle se donnât à Dieu, surtout sous
une forme extraordinaire, succédèrent les combats contre les municipalités en dépit desquelles
elle établissait l'instruction élémentaire et l'enseignement ménager absolument gratuits, souvent même contre certains évêques, et partout
contre les préjugés qui voulaient la clôture. Les
jésuites la soutinrent dès le début, quelques évêques lui donnèrent bientôt leur protection ; aidée
de sa sœur Françoise, elle propagea les Ursulines françaises en Franche-Comté, en Bourgogne, et fit en Suisse cinquante fondations.
Vingt-cinq ans avant l'établissement des Filles
de la Charité, ces communautés sans clôture

furent *tolérées* par Rome dans le même esprit qui poussait plus tard le cardinal Caraffa à « éviter les scandales qui pourraient résulter soit de la permission, soit de la suppression ».

Vers le même temps, et avec plus de douceur que l'impétueuse Bourguignonne, saint François de Sales rêvait aussi la perfection de la vie virginale sans assujettissement à aucune forme extérieure.

Il voulait établir une petite congrégation de femmes « liées par la charité plus encore que par des vœux », ne se distinguant du monde par aucun habit particulier et, dans une grande vie intérieure, se consacrant au service des pauvres et des malades. Il avait pensé d'abord de les appeler Filles de Sainte Marthe, pour marquer leur application aux offices de la charité matérielle, puis il se décida pour le nom de Visitation à cause de cette visite des malades qui devait être leur œuvre principale. Madame de Chantal entrait parfaitement dans ses vues, et cependant la Visitation fut un ordre cloîtré ne différant des autres que par une très grande douceur dans le genre de vie.

« Je n'ai pas fait ce que je voulais, » disait le saint fondateur, « et j'ai fait ce que je ne voulais pas. »

Ce qu'il voulait, il était réservé à saint Vincent de Paul de l'accomplir, aussi ce dernier appelait-il son institut « l'héritage de Madame de Chantal. » Lui, d'ailleurs, n'avait rien voulu faire et les étapes qui ont amené l'organisation progressive des Filles de Charité sont bien curieuses à étudier. Cette milice a été fort incomprise, non seulement à l'origine, mais pendant une longue période, et n'a trouvé son épanouissement vrai

qu'au XIX⁰ siècle. Les commencements furent
moins que petits, ils sont presque inappré-
ciables et il fallut la fidèle mémoire de leurs
témoins pour en relever la trace.

En 1629, Mademoiselle Le Gras, « accom-
pagnée, » dit Abelly, « de quelques demoiselles
de piété, » s'en va sur les instructions de
M. Vincent par les villes et les villages voir le
fonctionnement des confréries et assemblées de
charité que celui-ci y avait établies.

Elle entreprend ce voyage, ajoute l'historien,
« pour honorer la charité de Notre-Seigneur
envers les pauvres et l'imiter autant qu'elle le
pouvait dans les fatigues, lassitudes et contra-
dictions qu'Il avait souffertes pour leur sujet. »
L'année suivante les confréries des dames de
charité commencent à s'établir dans les paroisses
de Paris et les plus grandes dames assument la
charge de visiter, soigner et secourir les pauvres.
Bientôt, elles se font remplacer dans ces offices
par leurs servantes, ce qui entraîne nombre
d'abus ; là dessus, M. Vincent fait venir quelques
filles de campagne qui suppléeront les dames
de condition dans le soin des malades indigents.

Ces pauvres filles se trouvaient isolées et per-
dues dans Paris, aussi, dès 1633, « par manière
d'essai, » se constitue autour de Mlle Le Gras un
petit groupe dont les membres seront formées à
la vie spirituelle et au soin des malades. En
1634, saint Vincent de Paul établissait sous les
auspices de la présidente Goussault une compa-
gnie de dames pour le service de l'Hôtel-Dieu ;
là encore les Filles de la Charité deviennent des
auxiliaires indispensables. Il en sera de même
lorsque la charité du saint s'émeut en faveur des
Enfants Trouvés et provoque à les recueillir les

dames assemblées chez la duchesse d'Aiguillon. Toujours il commence par faire jeter les bases d'une œuvre par les femmes du monde qui la feront connaître et lui assureront des ressources puis doucement, humblement, arrivent les vierges qui font dans l'ombre toute la besogne.

Au bout de treize ans seulement, en 1646, l'association des Filles de la Charité est érigée en confrérie ; une seconde approbation est obtenue en 1655, mais plusieurs années plus tard, parvenu à l'organisation définitive, en 1660, saint Vincent de Paul écrivait : « Les Filles de la Charité ne sont pas religieuses, mais des filles qui vont et viennent comme des séculières. Ce sont des personnes de paroisse sous la conduite de MM. les curés où elles sont établies. »

Il insiste toujours sur ce point qu'il ne doit y avoir rien de monastique dans leur vie et il leur donne pour modèles les saintes femmes qui suivaient le Sauveur.

Tout le monde connaît les admirables instructions qu'il leur traça :

« Elles considéreront qu'encore qu'elles ne soient pas dans une religion, cet état n'étant pas convenable aux emplois de leur vocation, néanmoins parce qu'elles sont beaucoup plus exposées que les religieuses cloîtrées et grillées n'ayant pour monastère que les maisons des malades ; pour cellule quelque pauvre chambre, et bien souvent de louage ; pour chapelle l'église paroissiale de la ville ; pour clôture l'obéissance ; pour grille la crainte de Dieu ; et pour voile la sainte modestie. Pour toutes ces considérations elles doivent avoir autant ou plus de vertu que si elles étaient professes dans un ordre religieux. »

Et encore :

« Elles se souviendront qu'elles s'appellent Filles de la Charité, c'est-à-dire filles qui font la profession d'aimer Dieu et le prochain. »

Omnia in caritate, telle tend de plus en plus à être la loi de la vie virginale ; cette loi se retrouve dans l'institution de tous les ordres nouveaux qui se sont multipliés en si grand nombre au XIXe siècle, transposant dans l'ordre spirituel l'universelle tendance à la division du travail.

Cependant, ce foisonnement de congrégations nouvelles n'a pas seul manifesté l'activité de la vie religieuse depuis cent ans.

Au début de la Révolution française, un saint jésuite, le P. de Clorivière (1), eut l'inspiration de préparer une arche de salut où les vierges chrétiennes pussent braver les tempêtes et d'où les colombes s'envolassent vers toutes les terres du siècle pour les faire reverdir. La Société du Cœur de Marie fut établie sur les bases essentielles de la virginité et se proposait de reproduire l'institution virginale des premiers âges de l'Eglise ; dès 1790, trois ans avant la Terreur, le P. de Clorivière disait : « La Société de Marie doit être une pépinière de vierges et de martyres. » Son but était de « faire refleurir tellement même hors du cloître le soin de la perfection chrétienne propre de chaque état, jointe avec la perfection religieuse, que toutes les classes de la vie civile soient par là sanctifiées dans plusieurs de leurs membres. »

Mais sous la loi de la Société du Cœur de Marie,

---

(1) Voir l'*Histoire du P. de Clorivière*, par le P. J. Terrien, S. J. Poussielgue.

les vierges ne vivent pas dans la liberté d'âme des Cécile et des Agnès, la règle de saint Ignace y est étroitement observée. Cette association s'est propagée en France et dans plusieurs autres contrées, elle compte un grand nombre de membres.

Pendant le dernier tiers du XIXᵉ siècle, une organisation analogue, celle des Filles de Saint-François de Sales, a pris un rapide accroissement ; son but est aussi de grouper, d'unir des vies consacrées à Dieu et demeurant mêlées au monde dans la plus grande diversité d'états et de conditions.

BIBLIOGRAPHIE DU QUATRIÈME CHAPITRE

Du XVIᵉ au XIXᵉ siècle.

ABELLY. — La Vie de saint Vincent de Paul, par Louis Abelly, publiée par un prêtre de la Mission. Paris, Poussielgue, 1891.

BOUGAUD (Mgr). — Histoire de sainte Chantal et des origines de la Visitation. Paris, Lecoffre, 1861.

GOYAU (G.). — Op. cit.

MOREY (l'abbé). — Anne de Xainctonge, 2 vol. Paris, Bloud.

TERRIEN (le P. J.). — Histoire du Père de Clorivière. Paris, Devalois, 1891.

CHAPITRE V

Le Présent et l'Avenir.

La vie virginale s'adapte, à toutes les époques, à la vie
sociale ambiante ; ses lois immuables s'harmonisent avec
les modes contemporains. Retour aux traditions des
premiers siècles : les vierges mêlées à tous les milieux,
agissant sur le monde en vivant près de lui.
Une nécessité de l'heure présente : les vierges du travail.

V

Pendant dix-sept siècles, les institutions virginales, comme beaucoup d'autres dans l'Eglise, se sont adaptées successivement aux phases diverses que parcourait l'évolution de la société civile. Subjuguant les barbares par la force divine unie au charme le plus suave de la femme ; cherchant une protection derrière les murs du cloître, aux âges de fer et de sang, plus encore aux siècles des voluptés savantes et des raffinements artistes ; entre temps faisant passer sur le monde le grand frisson de la foi en lui rendant tangibles toutes les délicatesses de la charité ; nous avons vu au cours de cette longue période les vierges chrétiennes modeler quelque chose de leur vie sur celle de leurs contemporains. « A certaines époques, » dit le P. Faber, « l'Eglise semble copier le monde, quoiqu'elle le fasse toujours d'après un procédé qui lui est propre (1). » Mais il vient des temps où les modifications douces, insensibles, ne sont plus de mise. L'époque actuelle est une période de transition, inorganique plus qu'aucune peut-être depuis l'ère chrétienne, il ne s'agit pas de s'y adapter seulement, ni d'y faire établissement qui dure puisqu'elle ne peut durer. La mission de l'Eglise est plus haute, elle doit préparer un âge nouveau. Ce n'est pas une nécessité commandée par la persécution, par la situation actuelle de l'Eglise en France ; une rénovation

1. Cité par M. Henri Joly, l'*Avenir des Congrégations en France. Correspondant* du 10 novembre 1902.

universelle s'impose à la chrétienté tout entière, il lui faut retrouver les jours de son berceau alors que tous n'avaient qu'un cœur et qu'une âme.

Le retour aux âges primitifs n'est pas à désirer pour les seules vierges mais pour le clergé d'abord et, par suite, pour les fidèles. Une intime cohésion entre tous, une véritable collaboration apostolique, l'unité d'action, sont les bases essentielles de la vie évangélique ; le Christ n'a voulu qu'un troupeau, qu'un bercail. Les fonctions diffèrent, leur diversité ne sépare pas ceux qui les exercent ; si hautes soient-elles, elles ne peuvent créer un isolement ou une barrière, des apôtres eux-mêmes leur Maître disait : « Je ne vous demande pas de les ôter du monde, mais de les garder du mal (1). »

Renfermer le prêtre dans un ministère exclusivement spirituel est contraire au sens social chrétien ; il faut qu'il soit mêlé à l'action environnante et ne se sépare pas de ceux qu'il doit guider.

Demandons à l'histoire toute la grandeur et l'amplitude du rôle de l'évêque : à lui n'est pas dévolu seulement l'enseignement du dogme mais de toute doctrine influant sur les mœurs du peuple chrétien selon la tradition glorieusement renouée par les Léon XIII et les Pie X, les Manning et les Gibbons. Ainsi en va-t-il du Pontife suprême jusqu'aux derniers des fidèles. Etre plus totalement chrétien, plus profondément incorporé à l'Eglise, ne peut devenir un motif pour être mis à l'écart de la vie universelle. De

______

(1) Evangile selon saint Jean, ch. XVII, p. 15.

même qu'il y a des chrétiens partout, comme le proclamait déjà Tertullien, il doit y avoir des consacrés partout ; dans tous les états et toutes les situations leur place est marquée aux clercs et aux vierges.

Semblables à leurs sœurs des premiers siècles, les vierges de demain ne seront pas seulement rencontrées dans les œuvres de miséricorde, près des pauvres, des malades, des orphelins. dans les apostoliques fonctions de l'enseignement ; mais comme une sauvegarde ou comme un principe de vie elles se multiplieront dans tous les milieux, et parce que le monde qui va naître est le monde du travail, les vierges seront dans tous les centres de travail, matériel aussi bien qu'intellectuel.

Pline le Jeune apprenait avec étonnement que dans son gouvernement d'Asie, deux diaconesses étaient parmi les esclaves ; les proconsuls du XX° siècle trouveront des vierges consacrées dans les ateliers et dans les usines ; elles auront, celles-là, pour cloîtres les halls remplis du bruit des machines, elles conserveront « pour grille la crainte de Dieu et pour voile la sainte modestie ».

La diminution des heures de travail, à laquelle tendent toutes les législations, aussi bien que les mœurs, arrive à rendre la vie religieuse dans son essence compatible avec l'existence ouvrière elle-même ; à plus forte raison l'est-elle avec les conditions où le labeur est moins astreignant, avec les carrières dites libérales.

Cette vaste imprégnation du monde par la perfection chrétienne que les Tiers Ordres avaient ébauchée au XIII° siècle, sera réalisée par les vierges modernes. Elles iront plus loin, réus-

siront plus sûrement que ne l'ont pu faire les milices auxiliaires de saint François ou de saint Dominique, car à celles-là — prises dans leur ensemble — manquait la force spéciale de ceux « qui ont été rachetés de la terre, des prémices consacrées à Dieu et à l'Agneau ».

BIBLIOGRAPHIE DU CINQUIÈME CHAPITRE

JOLY (Henri). — L'avenir des congrégations en France. *Correspondant* du 10 nov. 1902, publié en brochure par la *Réforme sociale*. Paris, 1903.

LEMIRE (Abbé). — Que feront les religieuses ? Paris, Lecoffre, 1903.

TABLE

787-06. — Imp. des Orph.-Appr., F. Blétit, 40, rue La Fontaine, Paris,

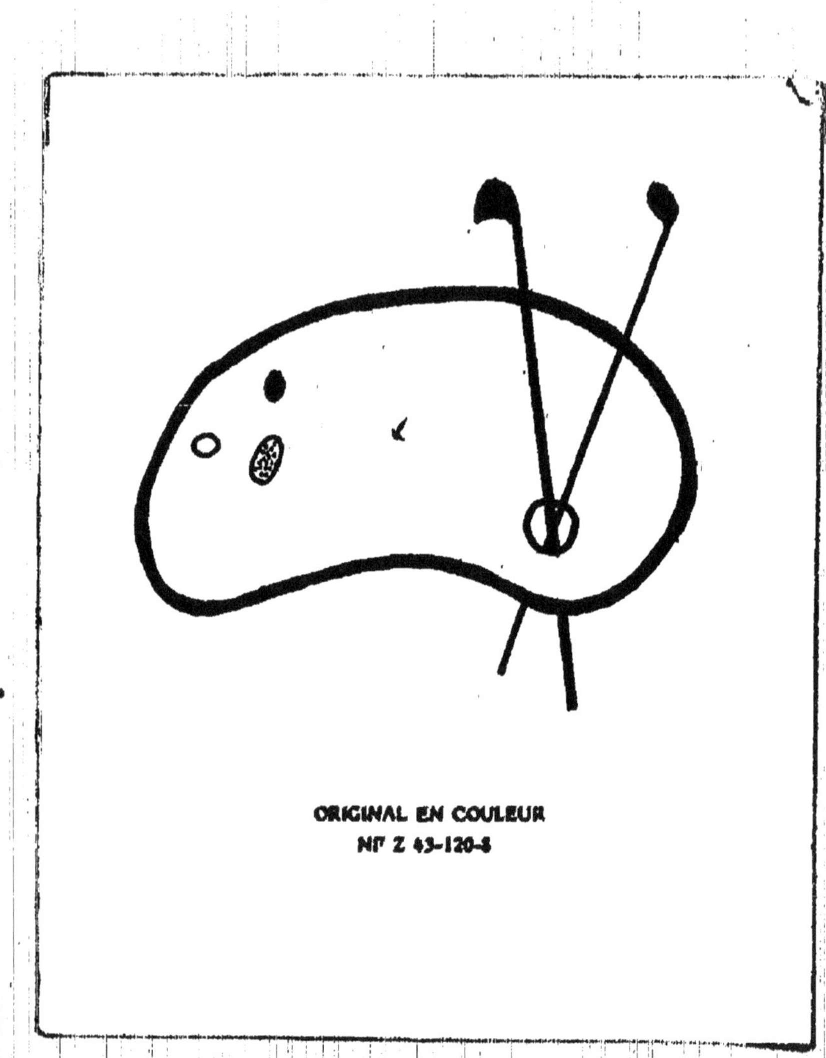

ORIGINAL EN COULEUR

Nº Z 43-120-8